Budget-Buch

Name

_____

Zeitraum

_____

© 2019 Patricia Schwaiger

Autor: Patricia Schwaiger

Umschlaggestaltung, Illustration: P. Schwaiger, Pixabay

Autorenfoto: Kornelia Banasik

Lektorat, Korrektorat: K. Lücht, Dr. H. Meier

Verlag & Druck: tredition GmbH, Halenreie 40-44, 22359 Hamburg

ISBN 978-3-7497-2752-0 (Paperback)

ISBN 978-3-7497-2753-7 (Hardcover)

Bibliografische Information der Deutschen Nationalbibliothek:

Die Deutsche Nationalbibliothek verzeichnet diese Publikation in der Deutschen Nationalbibliografie; detaillierte bibliografische Daten sind im Internet über http://dnb.d-nb.de abrufbar.

Inhaltsverzeichnis

SCHWAIPA

Der Teil zum Lesen

Glückwunsch!

Sie halten hier gerade das bewährte Haushaltskassenbuch im neuen Outfit in den Händen!

Und das in einer Zeit, in der die meisten bezüglich ihrer Finanzen auf dem Handy, einem Tablet oder dem Computer herumtippen.

Der digitale Überfluss führt irgendwann zum kognitiven Burnout. Der Datenwust, die Abhängigkeit von Strom, Akku und Netz haben zu einem neuen Trend geführt: Das Rad nicht immer neu zu erfinden, sondern auf Bewährtes zurück zu greifen.

Mal ehrlich: Wissen Sie gerade genau, wie es auf Ihrem Konto aussieht? Und warum Ihr Kontostand gerade so ist wie er ist?

Die Verlockungen sind groß und allgegenwärtig. Personenbezogene Werbung und Angebote aus Ihrer letzten Surfsession servieren Ihnen die tollsten Schnäppchen auf dem Silbertablett. Oft wird eine Zahlung mit Kreditkarte, PayPal oder Ähnlichem gar nicht mehr als „Geld ausgeben" empfunden. Ein kleiner Klick und das Geld ist weg.

Doch, doch Sie dürfen weiter einkaufen – nur eben viel bewusster!

Dieses Buch hilft Ihnen dabei. Es ist praktisch, handlich und hochwertig. Es fasst sich gut an - genau wie Ihr Geld. Und es ist ganz einfach, damit zu arbeiten. Sie erfassen alle Ihre monatlichen Einnahmen, Ausgaben, die versteckten Kosten, Abos und Daueraufträge.

Schnell und unkompliziert mit vorgefertigten Listen und Kategorien. Mit Platz für drei Haushaltsjahre, die Sie jederzeit beginnen können.

Dies tun Sie mit Papier und Stift – per Hand! Und bekommen so ein Gefühl für den Betrag, den Sie Monat für Monat für zur Verfügung haben. Und schon sind Sie beim Wesentlichen angekommen:

IHREM PERSÖNLICHEN FINANZIELLEN SPIELRAUM.

Das Buch gibt außerdem praktische Tipps, wo und wie Sie Ihre Ausgaben minimieren und Ihre Einnahmen maximieren können.

Mit diesem Budgetplaner finden Sie schnell zu mehr finanzieller Gelassenheit.

Der Weg zur Lösung

Keep it simple!
Vereinfachen Sie Ihr Finanzleben und behalten Sie ab jetzt den Überblick und die Kontrolle über Ihre Einnahmen und Ausgaben. Das ist messbar, machbar und motivierend.

Bestandsaufnahme

Im Grunde ist es ja ganz einfach:
Es soll weniger raus als rein!

Haben Sie erst einmal Ihre regelmäßigen Kontoeingänge und festen Ausgaben – Ihre Fixkosten – pro Monat ermittelt, müssen Sie nur noch Ihre alltäglichen variablen Ausgaben, wie zum Beispiel Einkäufe, erfassen.
Dies sollten Sie regelmäßig und möglichst noch am selben Tag tun, um nichts zu vergessen.
Gehen Sie gründlich vor! Sie werden sehen, es zahlt sich aus.

Sie benötigen lediglich drei Schritte, um zu ermitteln wie hoch Ihr finanzieller Spielraum ist.

Beginnen Sie also mit dem angenehmen Teil der Bestandsaufnahme.

Schritt 1: Regelmäßige Einkünfte

Verschaffen Sie sich erst einmal einen Überblick darüber, was Sie an Zahlungseingängen haben. Was geht pro Monat regelmäßig auf Ihrem Konto ein? Das können zum Beispiel sein:

- Nettogehälter
- Einnahmen aus Bestand (z.B. Zinsen, Mieteinnahmen...)
- staatliche Zuwendungen (z.B. Kindergeld, Rente...)
- andere finanzielle Zuwendungen (z.B. Unterhaltszahlungen)

regelmäßige Einkünfte		
ART		Betrag
Gehalt:	Gehalt Paul	2.100,00
	Gehalt Ella	1.800,00
Einnahmen:	Pachterlös Obst...	20,00
	Zinsen Spar...	10,00
Sonstige:	Kindergeld	185,00
	Zuschuss von Oma	100,00
.....	.....	.....

Ihre persönlichen Einkünfte können Sie auf Seite 17 eintragen.

Schritt 2: Fixkosten

Fixkosten sind solche Kosten, die konstant anfallen und sich nicht kurzfristig verändern lassen.

Nun stellt sich also die Frage:

Was verschwindet jeden Monat sofort wieder von Ihrem Konto?

Nehmen Sie sich dazu am besten Ihre Einzugsermächtigungen und Daueraufträge vor.

Jahresbeträge teilen Sie einfach durch zwölf, um den Monatsbetrag zu erhalten.

Fixkosten		
Art	Ihre regelmäßigen Ausgaben	Betrag
Wohnen:	Miete / Zins & Tilgung	1.100,00
	Strom	100,00
	Wasser	50,00
Versicherung:	Lebensversicherung	150,00
	Zahnzusatzversicherung	8,00
	Haftpflicht	13,75
Beiträge:	Mieterverein	6,60
....	....	....

Ihre persönlichen Fixkosten können Sie auf den Seiten 18-19 eintragen.

Kleinvieh macht auch Mist

Fragen Sie sich, ob Sie Ihre monatlichen Fixkosten möglicherweise etwas reduzieren können?!

Was ist zum Beispiel mit dem langjährigen Zeitschriften-Abo? Lesen Sie das Heft überhaupt noch gern?
Oder vielleicht gibt es ja eine günstigere Alternative zu Ihrer Autoversicherung oder dem Handyvertrag?

Sie werden sich wundern, wie sich auch kleine Beträge am Ende des Monats aufsummieren.
Vermeiden Sie hohe Fixkosten, wo es möglich ist!

 Kündigen Sie in der Regel sofort zum Ablauf eines Vertrages. Die Firmen kommen dann meistens von selbst mit günstigen Folgeangeboten auf Sie zu. Und sonst gibt es ja auch noch etliche Vergleichsportale.

Schritt 3: Ihr monatliches Budget für variable Ausgaben ermitteln

---

Aus der Differenz zwischen regelmäßigen Eingängen und Fixkosten können Sie errechnen, wie viel finanzieller Spielraum Ihnen im Monat bleibt.

Mit diesem Geld können Sie sich dann Wünsche erfüllen oder auch längerfristige Pläne verwirklichen.

Summe der regelmäßigen Einnahmen		3.540,00
Summe der Fixkosten	-	1.550,00
Spielraum für variable Ausgaben	=	1.990,00

Ihre persönlichen Daten können Sie auf Seite 20 eintragen.

Ab jetzt gilt es, alle Belege oder Quittungen möglichst zeitnah und vollständig zu erfassen.

Am Besten nehmen Sie sich einfach abends kurz Zeit, um über die Ausgaben des Tages nachzudenken.

Wenn Sie die Belege nämlich zu lange sammeln, besteht die Gefahr, dass Sie keine Lust mehr haben, sich durch einen ganzen Berg zu wühlen. Oder Sie vergessen womöglich die ein oder andere Online-Bestellung.

Das wäre ungünstig, denn Sie wollen ja ein möglichst genaues Abbild Ihres Konsumverhaltens erhalten.

Klare Strukturierung und Zusammenfassung helfen

Kaufverlockungen kommen immer subtiler daher und Konsum funktioniert sehr schnell und einfach. Man verliert da leicht den Überblick.

Um Ihr eigenes Kaufverhalten selbst noch besser analysieren zu können, empfiehlt es sich, die variablen Ausgaben mit einfachen Kürzeln zu kategorisieren. So können Sie leicht sehen, wo noch Einsparpotential ist.

L	Für Lebensmittel und Dinge des täglichen Bedarfs
K	Für Kleidung, Schuhe und Ähnliches
W	Für Wunscherfüllung und „Haben-wollen"
S	Für Sonderausgaben, Extras und Unvorhergesehenes

Überprüfen Sie die Summe Ihrer Ausgaben in den einzelnen Kategorien und handeln Sie dementsprechend.
Vielleicht trifft Sie ja die Erkenntnis, dass Sie zu viel für Kleidung ausgeben oder weniger auswärts Essen gehen sollten.

 Einkauf hat oft mit Emotionen zu tun. Überprüfen Sie, ob Sie nur aus Frust oder Selbstbelohnung kaufen wollen. Schlafen Sie eine Nacht drüber!

Muster für variable Ausgaben:

Monat		Mai		
Tag	L Leben + tägl. Bedarf	K Kleidung	W Wunscherfüllung	S Sonderausgaben
01.		129,55 Schuhe		
03.	38,00 Supermarkt			
04.	15,99 Drogerie		229,00 Armband	
22.	22,00 Discounter	350,00 Jacke		200,00 Reparatur
...	...	...	...	...

Ihre persönlichen Daten können Sie auf Seite 22-98 eintragen.

Jahresübersicht

Verschaffen Sie sich noch einen Gesamtüberblick über das Jahr, indem Sie den Saldo der einzelnen Monate in die Jahresübersicht eintragen. So sehen Sie auf einen Blick, wie es um Ihre Finanzen steht.

Hauhaltsjahr 2020	Januar	Februar	März	April	Mai	Juni
Einnahmen gesamt	4.215,00	4.225,00	4.1	4.1 0,00	4.215,00	4.215,00
Ausgaben gesamt	3.768,00	18,00	2.905,00	4.098,00	3.554,00	3.888,00
Monatssaldo	447,00	407,00	1.195,00	2,00	661,00	327,00

Ihre persönliche Jahresübersicht können Sie am Ende des jeweiligen Haushaltsjahres eintragen. (Jahr 1 auf S. 46, Jahr 2 auf S. 72, Jahr 3 auf S. 98)

Analysieren Sie Ihr Kaufverhalten und schaffen Sie sich ein finanzielles Polster, falls mal etwas Unvorhergesehenes passieren sollte.
Sie haben jetzt die Chance, Ihre Finanzen neu zu ordnen und Ihr Vermögen aufzubauen.

Los geht´s! Persönliche Beträge erfassen

So, nun ist es an der Zeit, mit Ihren persönlichen Aufzeichnungen zu beginnen!

- Ihre regelmäßigen Einnahmen (auf einer Seite)
- Ihre Fixkosten (auf zwei Seiten)
- Ermittlung Ihres persönlichen Spielraums (auf einer Seite)
- Erfassung Ihrer monatlichen variablen Ausgaben (auf zwei Seiten pro Monat für drei Haushaltsjahre = 72 Seiten)
- Jeweils die Jahresübersicht nach einem Haushaltsjahr

 Kleingeld aus dem Portemonnaie in ein Glas füllen. Dabei zusehen, wie "der Reichtum wächst". Das sichtbare Anwachsen motiviert zum Sparen.

Jetzt sind Sie an der Reihe:

Der Teil zum Machen

Ihre regelmäßigen Einkünfte		1. Jahr	2. Jahr	3. Jahr
Einkunftsart		1. Jahr	2. Jahr	3. Jahr
Gehalt:				
Einnahmen:				
Sonstiges:				
Gesamt		€	€	€

Ihre Fixkosten Teil 1				
Art	Ihre regelmäßigen Ausgaben	1. Jahr	2. Jahr	3. Jahr
Wohnen:				
Versicherung:				
Beiträge:				
Übertrag	monatl. Fixkosten Teil 1	€	€	€

Ihre Fixkosten Teil 2				
Art	Ihre regelmäßigen Ausgaben	1. Jahr	2. Jahr	3. Jahr
Übertrag	Fixkosten aus Teil 1	€	€	€
Fahrtkosten:				
Sonstiges:				
Gesamt	monatliche Fixkosten	€	€	€

Nun können Sie Ihren monatlichen finanziellen Spielraum ermitteln

Haushaltsjahr		1. Jahr	2. Jahr	3. Jahr
Summe Ihrer regelmäßigen Einnahmen				
Summe Ihrer Fixkosten	-			
Spielraum für variable Ausgaben	=			

Ihre variablen Ausgaben

Auf den nachfolgen Seiten finden Sie Vorlagen zur Erfassung Ihrer variablen Ausgaben für drei Jahre.
Sie können in jedem Monat Ihre Eintragungen beziehungsweise Ihr persönliches Haushaltsjahr starten, nicht nur zu Jahresbeginn.

Für jeden Monat stehen Ihnen zwei Seiten für die Erfassung zur Verfügung.

Denke daran: Alles, was Du hast, "will dann auch was" von Dir! Ein Auto will z.B. gewartet und unterhalten werden, ein Buch will Platz im Regal und Deine Zeit. Überlege jede Anschaffung.

Jeder Wunsch, der erfüllt wird, kriegt augenblicklich Junge. (Wilhelm Busch)

Nun beginnen Sie Ihr erstes Haushaltsjahr

Jahr:	Monat:	Ihre variablen Ausgaben		Teil 1
Tag:	L Leben + tägl. Bedarf	K Kleidung	W Wunscherfüllung	S Sonderausgaben
Übertrag				

Jahr:	Monat:	Ihre variablen Ausgaben		Teil 2
Tag:	L Leben + tägl. Bedarf	K Kleidung	W Wunscherfüllung	S Sonderausgaben
+ Übertrag				
Summe	L	K	W	S
Gesamt				

Jahr:	Monat:	Ihre variablen Ausgaben		Teil 1
Tag:	**L** Leben + tägl. Bedarf	**K** Kleidung	**W** Wunscherfüllung	**S** Sonderausgaben
Übertrag				

Jahr:	Monat:	Ihre variablen Ausgaben		Teil 2
Tag:	**L** Leben + tägl. Bedarf	**K** Kleidung	**W** Wunscherfüllung	**S** Sonderausgaben
+ Übertrag				
Summe	**L**	**K**	**W**	**S**
Gesamt				

Jahr:	Monat:	Ihre variablen Ausgaben		Teil 1
Tag:	**L** Leben + tägl. Bedarf	**K** Kleidung	**W** Wunscherfüllung	**S** Sonderausgaben
Übertrag				

Jahr:	Monat:	Ihre variablen Ausgaben		Teil 2
Tag:	L Leben + tägl. Bedarf	K Kleidung	W Wunscherfüllung	S Sonderausgaben
+ Übertrag				
Summe	L	K	W	S
Gesamt				

Jahr:	Monat:	Ihre variablen Ausgaben		Teil 1
Tag:	**L** Leben + tägl. Bedarf	**K** Kleidung	**W** Wunscherfüllung	**S** Sonderausgaben
Übertrag				

Jahr:	Monat:	Ihre variablen Ausgaben		Teil 2
Tag:	**L** Leben + tägl. Bedarf	**K** Kleidung	**W** Wunscherfüllung	**S** Sonderausgaben
+ Übertrag				
Summe	**L**	**K**	**W**	**S**
Gesamt				

Jahr:	Monat:	Ihre variablen Ausgaben		Teil 1
Tag:	**L** Leben + tägl. Bedarf	**K** Kleidung	**W** Wunscherfüllung	**S** Sonderausgaben
Übertrag				

Jahr:	Monat:	Ihre variablen Ausgaben		Teil 2
Tag:	**L** Leben + tägl. Bedarf	**K** Kleidung	**W** Wunscherfüllung	**S** Sonderausgaben
+ Übertrag				
Summe	**L**	**K**	**W**	**S**
Gesamt				

Jahr:	Monat:	Ihre variablen Ausgaben		Teil 1
Tag:	L Leben + tägl. Bedarf	K Kleidung	W Wunscherfüllung	S Sonderausgaben
Übertrag				

Jahr:	Monat:	Ihre variablen Ausgaben		Teil 2
Tag:	L Leben + tägl. Bedarf	K Kleidung	W Wunscherfüllung	S Sonderausgaben
+ Übertrag				
Summe	L	K	W	S
Gesamt				

Jahr:	Monat:	Ihre variablen Ausgaben		Teil 1
Tag:	**L** Leben + tägl. Bedarf	**K** Kleidung	**W** Wunscherfüllung	**S** Sonderausgaben
Übertrag				

34

Jahr: Monat:	Ihre variablen Ausgaben		Teil 2	
Tag:	**L** Leben + tägl. Bedarf	**K** Kleidung	**W** Wunscherfüllung	**S** Sonderausgaben
+ Übertrag				
Summe	**L**	**K**	**W**	**S**
Gesamt				

Jahr:	Monat:	Ihre variablen Ausgaben		Teil 1
Tag:	**L** Leben + tägl. Bedarf	**K** Kleidung	**W** Wunscherfüllung	**S** Sonderausgaben
Übertrag				

Jahr:	Monat:	Ihre variablen Ausgaben		Teil 2
Tag:	**L** Leben + tägl. Bedarf	**K** Kleidung	**W** Wunscherfüllung	**S** Sonderausgaben
+ Übertrag				
Summe	**L**	**K**	**W**	**S**
Gesamt				

37

Jahr:	Monat:	Ihre variablen Ausgaben		Teil 1
Tag:	**L** Leben + tägl. Bedarf	**K** Kleidung	**W** Wunscherfüllung	**S** Sonderausgaben
Übertrag				

Jahr:	Monat:	Ihre variablen Ausgaben		Teil 2
Tag:	L Leben + tägl. Bedarf	K Kleidung	W Wunscherfüllung	S Sonderausgaben
+ Übertrag				
Summe	L	K	W	S
Gesamt				

Jahr:	Monat:	Ihre variablen Ausgaben		Teil 1
Tag:	**L** Leben + tägl. Bedarf	**K** Kleidung	**W** Wunscherfüllung	**S** Sonderausgaben
Übertrag				

Jahr:	Monat:	Ihre variablen Ausgaben		Teil 2
Tag:	**L** Leben + tägl. Bedarf	**K** Kleidung	**W** Wunscherfüllung	**S** Sonderausgaben
+ Übertrag				
Summe	**L**	**K**	**W**	**S**
Gesamt				

41

Jahr:	Monat:	Ihre variablen Ausgaben		Teil 1
Tag:	**L** Leben + tägl. Bedarf	**K** Kleidung	**W** Wunscherfüllung	**S** Sonderausgaben
Übertrag				

Jahr:	Monat:	Ihre variablen Ausgaben		Teil 2
Tag:	**L** Leben + tägl. Bedarf	**K** Kleidung	**W** Wunscherfüllung	**S** Sonderausgaben
+ Übertrag				
Summe	**L**	**K**	**W**	**S**
Gesamt				

Jahr:	Monat:	Ihre variablen Ausgaben		Teil 1
Tag:	**L** Leben + tägl. Bedarf	**K** Kleidung	**W** Wunscherfüllung	**S** Sonderausgaben
Übertrag				

Jahr:	Monat:	Ihre variablen Ausgaben		Teil 2
Tag:	**L** Leben + tägl. Bedarf	**K** Kleidung	**W** Wunscherfüllung	**S** Sonderausgaben
+ Übertrag				
Summe	**L**	**K**	**W**	**S**
Gesamt				

Persönliche Jahresübersicht
1. Haushaltsjahr

Haushaltsjahr:	
Monat	Ausgaben
Gesamt	

Jetzt beginnt Ihr zweites Haushaltsjahr

Jahr:	Monat:	Ihre variablen Ausgaben		Teil 1
Tag:	L Leben + tägl. Bedarf	K Kleidung	W Wunscherfüllung	S Sonderausgaben
Übertrag				

Jahr: Monat:	Ihre variablen Ausgaben		Teil 2	
Tag:	L Leben + tägl. Bedarf	K Kleidung	W Wunscherfüllung	S Sonderausgaben
+ Übertrag				
Summe	L	K	W	S
Gesamt				

Jahr:	Monat:	Ihre variablen Ausgaben		Teil 1
Tag:	**L** Leben + tägl. Bedarf	**K** Kleidung	**W** Wunscherfüllung	**S** Sonderausgaben
Übertrag				

Jahr:	Monat:	Ihre variablen Ausgaben		Teil 2
Tag:	L Leben + tägl. Bedarf	K Kleidung	W Wunscherfüllung	S Sonderausgaben
+ Übertrag				
Summe	L	K	W	S
Gesamt				

Jahr:	Monat:	Ihre variablen Ausgaben		Teil 1
Tag:	**L** Leben + tägl. Bedarf	**K** Kleidung	**W** Wunscherfüllung	**S** Sonderausgaben
Übertrag				

Jahr:	Monat:	Ihre variablen Ausgaben	Teil 2	
Tag:	**L** Leben + tägl. Bedarf	**K** Kleidung	**W** Wunscherfüllung	**S** Sonderausgaben
+ Übertrag				
Summe	**L**	**K**	**W**	**S**
Gesamt				

Jahr: Monat:	Ihre variablen Ausgaben		Teil 1
Tag:	**L** Leben + tägl. Bedarf	**K** Kleidung	**W** Wunscherfüllung	**S** Sonderausgaben
Übertrag				

Jahr:	Monat:	Ihre variablen Ausgaben	Teil 2	
Tag:	**L** Leben + tägl. Bedarf	**K** Kleidung	**W** Wunscherfüllung	**S** Sonderausgaben
+ Übertrag				
Summe	**L**	**K**	**W**	**S**
Gesamt				

Jahr:	Monat:	Ihre variablen Ausgaben		Teil 1
Tag:	**L** Leben + tägl. Bedarf	**K** Kleidung	**W** Wunscherfüllung	**S** Sonderausgaben
Übertrag				

Jahr:	Monat:	Ihre variablen Ausgaben		Teil 2
Tag:	**L** Leben + tägl. Bedarf	**K** Kleidung	**W** Wunscherfüllung	**S** Sonderausgaben
+ Übertrag				
Summe	**L**	**K**	**W**	**S**
Gesamt				

Jahr:	Monat:	Ihre variablen Ausgaben		Teil 1
Tag:	**L** Leben + tägl. Bedarf	**K** Kleidung	**W** Wunscherfüllung	**S** Sonderausgaben
Übertrag				

Tag:	L Leben + tägl. Bedarf	K Kleidung	W Wunscherfüllung	S Sonderausgaben
+ Übertrag				
Summe	L	K	W	S
Gesamt				

Jahr: **Monat:** Ihre variablen Ausgaben Teil 2

Jahr:	Monat:	Ihre variablen Ausgaben		Teil 1
Tag:	L Leben + tägl. Bedarf	K Kleidung	W Wunscherfüllung	S Sonderausgaben
Übertrag				

Jahr:	Monat:	Ihre variablen Ausgaben		Teil 2
Tag:	**L** Leben + tägl. Bedarf	**K** Kleidung	**W** Wunscherfüllung	**S** Sonderausgaben
+ Übertrag				
Summe	**L**	**K**	**W**	**S**
Gesamt				

Jahr:	Monat:	Ihre variablen Ausgaben		Teil 1
Tag:	L Leben + tägl. Bedarf	K Kleidung	W Wunscherfüllung	S Sonderausgaben
Übertrag				

Tag:	**L** Leben + tägl. Bedarf	**K** Kleidung	**W** Wunscherfüllung	**S** Sonderausgaben
+ Übertrag				
Summe	**L**	**K**	**W**	**S**
Gesamt				

Jahr: **Monat:**   Ihre variablen Ausgaben   Teil 2

Jahr:	Monat:	Ihre variablen Ausgaben		Teil 1
Tag:	**L** Leben + tägl. Bedarf	**K** Kleidung	**W** Wunscherfüllung	**S** Sonderausgaben
Übertrag				

Jahr:	Monat:	Ihre variablen Ausgaben		Teil 2
Tag:	**L** Leben + tägl. Bedarf	**K** Kleidung	**W** Wunscherfüllung	**S** Sonderausgaben
+ Übertrag				
Summe	**L**	**K**	**W**	**S**
Gesamt				

Jahr: Monat:	Ihre variablen Ausgaben		Teil 1
Tag:	**L** Leben + tägl. Bedarf	**K** Kleidung	**W** Wunscherfüllung	**S** Sonderausgaben
Übertrag				

Jahr:	Monat:	Ihre variablen Ausgaben		Teil 2
Tag:	**L** Leben + tägl. Bedarf	**K** Kleidung	**W** Wunscherfüllung	**S** Sonderausgaben
+ Übertrag				
Summe	**L**	**K**	**W**	**S**
Gesamt				

Jahr:	Monat:	Ihre variablen Ausgaben		Teil 1
Tag:	**L** Leben + tägl. Bedarf	**K** Kleidung	**W** Wunscherfüllung	**S** Sonderausgaben
Übertrag				

Jahr:	Monat:	Ihre variablen Ausgaben		Teil 2
Tag:	**L** Leben + tägl. Bedarf	**K** Kleidung	**W** Wunscherfüllung	**S** Sonderausgaben
+ Übertrag				
Summe	**L**	**K**	**W**	**S**
Gesamt				

Jahr:	Monat:	Ihre variablen Ausgaben		Teil 1
Tag:	**L** Leben + tägl. Bedarf	**K** Kleidung	**W** Wunscherfüllung	**S** Sonderausgaben
Übertrag				

Jahr:	Monat:	Ihre variablen Ausgaben		Teil 2
Tag:	**L** Leben + tägl. Bedarf	**K** Kleidung	**W** Wunscherfüllung	**S** Sonderausgaben
+ Übertrag				
Summe	**L**	**K**	**W**	**S**
Gesamt				

Persönliche Jahresübersicht
2. Haushaltsjahr

Haushaltsjahr:	
Monat	Ausgaben
Gesamt	

Jetzt beginnt Ihr drittes Haushaltsjahr

Jahr: Monat:	Ihre variablen Ausgaben		Teil 1
Tag:	**L** Leben + tägl. Bedarf	**K** Kleidung	**W** Wunscherfüllung	**S** Sonderausgaben
Übertrag				

Jahr:	Monat:	Ihre variablen Ausgaben		Teil 2
Tag:	L Leben + tägl. Bedarf	K Kleidung	W Wunscherfüllung	S Sonderausgaben
+ Übertrag				
Summe	L	K	W	S
Gesamt				

Jahr:	Monat:	Ihre variablen Ausgaben		Teil 1
Tag:	**L** Leben + tägl. Bedarf	**K** Kleidung	**W** Wunscherfüllung	**S** Sonderausgaben
Übertrag				

Jahr:	Monat:	Ihre variablen Ausgaben		Teil 2
Tag:	**L** Leben + tägl. Bedarf	**K** Kleidung	**W** Wunscherfüllung	**S** Sonderausgaben
+ Übertrag				
Summe	**L**	**K**	**W**	**S**
Gesamt				

Jahr:	Monat:	Ihre variablen Ausgaben		Teil 1
Tag:	**L** Leben + tägl. Bedarf	**K** Kleidung	**W** Wunscherfüllung	**S** Sonderausgaben
Übertrag				

Jahr:	Monat:	Ihre variablen Ausgaben		Teil 2
Tag:	**L** Leben + tägl. Bedarf	**K** Kleidung	**W** Wunscherfüllung	**S** Sonderausgaben
+ Übertrag				
Summe	**L**	**K**	**W**	**S**
Gesamt				

Jahr:	Monat:	Ihre variablen Ausgaben		Teil 1
Tag:	L Leben + tägl. Bedarf	K Kleidung	W Wunscherfüllung	S Sonderausgaben
Übertrag				

Jahr:	Monat:	Ihre variablen Ausgaben		Teil 2
Tag:	**L** Leben + tägl. Bedarf	**K** Kleidung	**W** Wunscherfüllung	**S** Sonderausgaben
+ Übertrag				
Summe	**L**	**K**	**W**	**S**
Gesamt				

Jahr:	Monat:	Ihre variablen Ausgaben		Teil 1
Tag:	**L** Leben + tägl. Bedarf	**K** Kleidung	**W** Wunscherfüllung	**S** Sonderausgaben
Übertrag				

Jahr:	Monat:		Ihre variablen Ausgaben		Teil 2
Tag:	**L** Leben + tägl. Bedarf	**K** Kleidung	**W** Wunscherfüllung	**S** Sonderausgaben	
+ Übertrag					
Summe	**L**	**K**	**W**	**S**	
Gesamt					

Jahr:	Monat:	Ihre variablen Ausgaben		Teil 1
Tag:	**L** Leben + tägl. Bedarf	**K** Kleidung	**W** Wunscherfüllung	**S** Sonderausgaben
Übertrag				

Jahr:	Monat:	Ihre variablen Ausgaben		Teil 2
Tag:	**L** Leben + tägl. Bedarf	**K** Kleidung	**W** Wunscherfüllung	**S** Sonderausgaben
+ Übertrag				
Summe	**L**	**K**	**W**	**S**
Gesamt				

Jahr:	Monat:	Ihre variablen Ausgaben		Teil 1
Tag:	**L** Leben + tägl. Bedarf	**K** Kleidung	**W** Wunscherfüllung	**S** Sonderausgaben
Übertrag				

Jahr:	Monat:	Ihre variablen Ausgaben		Teil 2
Tag:	**L** Leben + tägl. Bedarf	**K** Kleidung	**W** Wunscherfüllung	**S** Sonderausgaben
+ Übertrag				
Summe	**L**	**K**	**W**	**S**
Gesamt				

Jahr:	Monat:	Ihre variablen Ausgaben		Teil 1
Tag:	**L** Leben + tägl. Bedarf	**K** Kleidung	**W** Wunscherfüllung	**S** Sonderausgaben
Übertrag				

Jahr:	Monat:	Ihre variablen Ausgaben		Teil 2
Tag:	**L** Leben + tägl. Bedarf	**K** Kleidung	**W** Wunscherfüllung	**S** Sonderausgaben
+ Übertrag				
Summe	**L**	**K**	**W**	**S**
Gesamt				

Jahr:	Monat:	Ihre variablen Ausgaben		Teil 1
Tag:	**L** Leben + tägl. Bedarf	**K** Kleidung	**W** Wunscherfüllung	**S** Sonderausgaben
Übertrag				

Jahr:	Monat:	Ihre variablen Ausgaben		Teil 2
Tag:	**L** Leben + tägl. Bedarf	**K** Kleidung	**W** Wunscherfüllung	**S** Sonderausgaben
+ Übertrag				
Summe	**L**	**K**	**W**	**S**
Gesamt				

91

Jahr:	Monat:	Ihre variablen Ausgaben		Teil 1
Tag:	**L** Leben + tägl. Bedarf	**K** Kleidung	**W** Wunscherfüllung	**S** Sonderausgaben
Übertrag				

Jahr:	Monat:	Ihre variablen Ausgaben		Teil 2
Tag:	**L** Leben + tägl. Bedarf	**K** Kleidung	**W** Wunscherfüllung	**S** Sonderausgaben
+ Übertrag				
Summe	**L**	**K**	**W**	**S**
Gesamt				

93

Jahr:	Monat:	Ihre variablen Ausgaben		Teil 1
Tag:	**L** Leben + tägl. Bedarf	**K** Kleidung	**W** Wunscherfüllung	**S** Sonderausgaben
Übertrag				

Jahr:	Monat:	Ihre variablen Ausgaben		Teil 2
Tag:	**L** Leben + tägl. Bedarf	**K** Kleidung	**W** Wunscherfüllung	**S** Sonderausgaben
+ Übertrag				
Summe	**L**	**K**	**W**	**S**
Gesamt				

Jahr:	Monat:	Ihre variablen Ausgaben		Teil 1
Tag:	**L** Leben + tägl. Bedarf	**K** Kleidung	**W** Wunscherfüllung	**S** Sonderausgaben
Übertrag				

Jahr:	Monat:	Ihre variablen Ausgaben		Teil 2
Tag:	**L** Leben + tägl. Bedarf	**K** Kleidung	**W** Wunscherfüllung	**S** Sonderausgaben
+ Übertrag				
Summe	**L**	**K**	**W**	**S**
Gesamt				

Persönliche Jahresübersicht
3. Haushaltsjahr

Haushaltsjahr:	
Monat	Ausgaben
Gesamt	

Zu guter Letzt

Mit diesem Haushaltskassenbuch verfügen Sie über ein einfaches und effektives Hilfsmittel, um Ihre Finanzen neu zu ordnen und dadurch Ihr Vermögen zu mehren.

Behalten Sie allerdings im Hinterkopf, dass Sie nur dann erfolgreich sein werden, wenn Sie das Buch sorgsam und genau führen.
Erziehen Sie sich selbst zu einem regelmäßigen Umgang mit Ihren Finanzen.
Bleiben Sie dabei konsequent und Sie werden schon bald Ergebnisse sehen.

Viel Erfolg!

Notizen

Zeitfracht Medien GmbH
Ferdinand-Jühlke-Straße 7
99095 Erfurt, Deutschland
produktsicherheit@kolibri360.de